MÉMOIRE

SUR

LE CANAL DE SOISSONS

DESTINÉ

A JOINDRE LE CANAL DE L'OURCQ AUX CANAUX DES ARDENNES ET DE SAINT-QUENTIN ;

PAR M. P.-S. GIRARD,

INGÉNIEUR EN CHEF DES PONTS ET CHAUSSÉES, MEMBRE DE L'INSTITUT,
ACADÉMIE ROYALE DES SCIENCES.

A PARIS,
CHEZ BACHELIER, LIBRAIRE, QUAI DES AUGUSTINS, N° 55;
ET CARILIAN-GOEURY, QUAI DES AUGUSTINS, N° 41.

M. DCCC. XXIV.

MÉMOIRE

SUR

LE CANAL DE SOISSONS

DESTINÉ A JOINDRE LES CANAUX DE L'OURCQ ET DE SAINT-QUENTIN.

PARAGRAPHE PREMIER.

Description succincte du territoire que le CANAL DE SOISSONS *doit traverser.*

Lorsqu'il fut ordonné, en l'an XIII (le 8 mars 1805), que le canal de l'Ourcq serait rendu navigable, il fut également ordonné qu'il serait ouvert une communication de ce canal avec la rivière d'Aisne à Soissons, et à partir de cette ville une autre communication de l'Aisne à la rivière d'Oise près de Chauny : ainsi le canal de l'Ourcq devait se lier au canal des Ardennes et à celui de Saint-Quentin, et leur servir en quelque sorte de prolongement jusqu'à Paris.

Les canaux de l'Ourcq et de Saint-Quentin sont aujourd'hui terminés; et celui des Ardennes, entrepris depuis 1822, doit, conformément à la loi du 5 août 1821 qui en prescrit l'exécution, être achevé dans un délai de six ans.

Il ne reste par conséquent pour compléter cette partie de notre système de navigation intérieure, telle que l'idée en fut conçue en 1806, et qu'elle a été adoptée dans le rapport fait au ROI en 1820, par M. le directeur-général des ponts-et-chaussées, qu'à ouvrir les communications dont il s'agit.

La ville de SOISSONS se trouvant au confluent de ces deux communications à peu près à égale distance de leurs deux embouchures dans la rivière d'Ourcq et le canal Crozat, deviendra l'entrepôt naturel du commerce qui s'établira par cette nouvelle voie, soit que les denrées et marchandises qui en seront l'objet proviennent de l'ouest et du midi de la France par le canal de l'Ourcq, soit qu'elles proviennent de nos départemens du nord par le canal de Saint-Quentin, ou bien enfin de nos provinces de l'est par le canal des Ardennes. Cette ville est donc appelée par sa position à jouir la première, et plus qu'aucune autre, des avantages qu'on doit attendre de la communication navigable qui fait l'objet de ce mémoire. Nous avons désigné, en conséquence, sous le nom de CANAL DE SOISSONS, cette communication navigable prise dans toute son étendue.

Elle se divise naturellement en deux branches dont l'exécution pourra s'opérer successivement. La jonction de l'Ourcq à l'Aisne forme la *branche méridionale* du CANAL DE SOISSONS; la jonction de l'Aisne à l'Oise en forme la *branche septentrionale.*

La première aura son origine au Port-aux-Perches, sur la rivière d'Ourcq, là précisément où cette rivière commence à porter bateau. Elle remontera de ce point, dans la vallée de Long-Pont, qui se dirige sur la ville de Soissons, suivant la ligne la plus courte. La largeur de cette vallée varie de 250 à 300 mètres. Un ruisseau formé de petits affluens venant de ses deux rives coulerait avec une pente considérable dans sa partie la plus basse s'il n'avait pas été barré par des chaussées qui en arrêtent les eaux et les soutiennent dans quelques étangs pour le service de moulins à blé et à huile : ces étangs sont au nombre de quatre.

A la hauteur de l'ancienne abbaye de Long-Pont, la direction du canal se retourne au nord-est dans le vallon de Vierzy; celui-ci n'a pas plus de 250 mètres dans sa plus grande largeur, et il se rétrécit de plus en plus jusqu'au village dont il prend le nom. Il s'y termine au pied d'une butte d'environ 1500 mètres de traversée à son sommet; c'est la partie la plus étroite du seuil qui sépare le bassin de la Marne de celui de la rivière d'Aisne.

Depuis le Port-aux-Perches jusqu'à la butte de Vierzy, la longueur développée du canal est d'environ 15 kilomètres; la vallée qu'il suit est bordée de coteaux calcaires assez escarpés, à la base desquels on a ouvert plusieurs carrières pour l'usage du pays. Le fond de la vallée est formé de prairies marécageuses sillonnées d'une multitude de rigoles de dessèchement. Un fossé principal, qui a son origine à Long-Pont, et son embouchure dans la rivière d'Ourcq, près du Port-aux-Perches, sert au flottage des bois de la forêt de Villers-Cotterets.

Après avoir traversé le plateau de Vierzy, le canal entre dans le vallon de l'Echelle, qui n'a pas plus de 160 mètres de largeur jusqu'à son débouché dans la vallée de la Crise, près de la route de Soissons à Château-Thierry. Le canal se tient sur la rive gauche de cette vallée, laissant à droite les moulins qui y sont établis. Il traverse ensuite le faubourg de Crise et celui de Rheims, et vient enfin se jeter dans la rivière d'Aisne, à 200 mètres environ au-dessus du pont de Soissons.

Le développement du canal dans le vallon de l'Échelle et la vallée de la Crise est d'environ 11 kilomètres. Le sol de cette dernière vallée est une prairie d'assez bonne consistance, et de 4 ou 500 mètres de largeur moyenne. Le penchant des collines calcaires qui la bordent est peu boisé : ce sont des terres labourables, ainsi que les plaines situées au-dessus.

La branche septentrionale du Canal de Soissons prend son origine dans la rivière d'Aisne, précisément en face du point où sa branche méridionale se termine. Elle suit la plaine de Saint-Médard jusqu'à l'entrée de la vallée de Crouy, sur la route royale de Soissons à Laon. Le canal remonte cette vallée, ou plutôt cette espèce de défilé dont la largeur se réduit en quelques endroits à moins de 50 mètres. Les eaux qu'il reçoit forment un ruisseau sur lequel il y a six moulins d'établis, y compris celui de Margival, le dernier de tous.

Parvenu à la hauteur de ce moulin, le canal se dirige au nord-est dans le vallon de Laffaux, jusqu'au pied de la butte des Trois-Fontaines, laquelle forme entre les bassins de l'Aisne et de l'Oise, un seuil de deux ou trois cents mètres de largeur seulement.

La longueur développée du canal, depuis son origine à Soissons, jusqu'à ce point culminant, est d'environ 12 kilomètres.

Au-delà de ce point culminant, le tracé du canal descend dans le vallon de Vaussallion, au débouché duquel il se retourne au nord-ouest dans la vallée où coule la rivière d'Ailette; il la laisse constamment à sa droite. Enfin, après avoir traversé l'Oise à Manicamp, il se réunit au canal Crozat, qui a été prolongé depuis peu jusquà ce point. La portion du Canal de Soissons, comprise entre Vaussallion et Manicamp, a 22 kilomètres de longueur environ. Les prairies au milieu desquelles coule la rivière d'Ailette, sont marécageuses sur plusieurs points. La largeur moyenne de cette vallée est à-peu-près d'une lieue. (*Voyez, pour plus de détails, la carte jointe à ce mémoire.*)

§. II.

Relief du terrain dans la direction du Canal, — par quelles eaux il sera alimenté.

On voit par le tracé des deux branches du Canal de Soissons que nous venons de décrire, que chacune d'elle formera un canal à point de partage.

La butte de Vierzy, point culminant de la *branche méridionale*, s'élève de 96^m,33 au-dessus de la surface moyenne de l'eau dans le bassin de la Villette; on traversera cette butte par un canal souterrain qui sera établi à 61,931 de profondeur, au-dessous du terrain naturel de sa sommité. La surface de l'eau, dans ce bief souterrain, se trouvera ainsi de 34^m, 432 supérieure à celle du bassin de la Villette (1).

Elle sera de 19^m 018 au-dessus de la rivière d'Ourcq, au Port-aux-Perches, et de 48^m 528 au-dessus de la rivière d'Aisne. (*Voyez le profil développé du canal de Soissons, sur la carte ci-jointe.*)

Le bief culminant dont il est question ici, aura 4,766 mètres de longueur; il sera alimenté, du côté de l'Ourcq, par les eaux de la vallée de Moramboeuf, qui seront prises au-dessous du moulin de Villers Hélon, et par le ruisseau de Vierzy. Du côté de l'Echelle, il recevra encore le produit de quelques sources. Le volume de toutes ces eaux sera d'environ 6,000 mètres cubes en vingt-quatre heures, suivant l'évaluation qui en a été donnée par M. l'ingénieur en chef du département de l'Aisne, dans son rapport du 6 décembre 1823.

Ce volume d'eau équivaut, à très peu près, à 300 pouces de fontainier, desquels déduisant environ 80 pouces pour les pertes qui pourront être occasionnées dans les premières années, par les filtrations et l'évaporation le long du bief de partage, il restera 220 pouces pour le service de la navigation, c'est-à-dire un volume d'eau excédant d'environ un tiers celui qui a été attribué au service du canal de St.-Denis, en ayant égard à la différence de chute des écluses sur les deux canaux (2).

---

(1) L'abaissement des biefs de partage est une modification très avantageuse. On avait fixé d'abord le niveau de ces biefs à 5 mètres au-dessus du niveau qui vient d'être indiqué, afin de rendre les tranchées souterraines le moins longues possible; mais les sondes qui ont été multipliées depuis, sur la direction du canal, ont appris qu'il serait facile, et moins coûteux qu'on ne l'avait craint, d'allonger ces tranchées, soit en souterrain, soit à ciel ouvert. Notre opinion, en cela, coïncide parfaitement avec celle de M. l'ingénieur en chef du département de l'Aisne.

(2) Voici ce qu'on lit dans le rapport d'une Commission spéciale d'ingénieurs, sur le Canal de l'Ourcq, rédigé en 1816 approuvé par le conseil-général des ponts-et-chaussées, en 1817, et imprimé par ordre de M. le préfet de la Seine en 1819, *page* 64.

« Deux mille quatre cents bateaux, par an, tant en montant qu'en descendant *le Canal de* « *Saint-Denis*, consommeront par les écluses, dans la supposition la plus défavorable, et en « adoptant les dimensions d'écluses qui seront proposées (art. 218 et 221), ci. . . . 300 pouces. »

Tout égal d'ailleurs, les dépenses d'eau pour la navigation sur un canal sont, comme on sait, proportionnelles à la chute de ses écluses.

La butte des Trois Fontaines, point culminant de la *branche septentrionale* du CANAL DE SOISSONS; s'élève de 94ᵐ 197 au-dessus du bassin de la Villette, et se trouve, à deux mètres près, à la même hauteur que la butte de Vierzy. Il faudra aussi la traverser par un souterrain qui sera établi à 73ᵐ 701 de profondeur, c'est-à-dire où la surface de l'eau sera de 29ᵐ 504 supérieure à celle du bassin de la Villette.

Elle sera de 34ᵐ 596 au-dessus de la rivière d'Aisne à Soissons, et de 31ᵐ 433 au-dessus de la rivière d'Oise à Manicamp.

Le bief culminant des Trois Fontaines aura 4322 mètres de longueur, dont 500 mètres environ en souterrain; il sera alimenté du côté de l'Aisne par les eaux de Laffaux, de Neuville, de Terny, et autres ruisseaux qui entretiennent le moulin de Margival. Du côté de l'Oise, il sera alimenté par les eaux du moulin de Vaussallion.

Le volume de ces ruisseaux pourra être augmenté de celui des rigoles de dessèchement que l'on pratiquera dans les marécages qui avoisinent ce point culminant. La jauge n'en a point été faite; il est probable, d'après les données recueillies jusqu'à présent, qu'on ne réunira pas autant d'eau dans le bief culminant de Vaussallion, que dans celui de Vierzy; mais cela n'est pas nécessaire. La *branche méridionale* du CANAL DE SOISSONS servira en effet au transport des denrées de tout le département de l'Aisne, et des marchandises qui descendront à Paris par les canaux de St.-Quentin, et des Ardennes, tandis que la *branche septentrionale* du CANAL DE SOISSONS ne servira qu'au transport des denrées d'une partie du département de l'Aisne, et des marchandises provenant du canal de St.-Quentin.

Si, par la suite, la navigation sur cette *branche septentrionale* acquérait une activité telle, qu'il fallût augmenter le volume d'eau destiné à l'entretenir, il serait aisé

Les chutes des écluses du canal de Saint-Denis sont de 2ᵐ. 30. Celles du CANAL DE SOISSONS seront de 1ᵐ. 25.

Si donc ce dernier canal avait les mêmes dimensions que le canal de Saint-Denis, et s'il devait y passer des bateaux du même port, il suffirait de 163 pouces d'eau pour le passage annuel de 2,400 de ces bateaux sur le CANAL DE SOISSONS.

Mais, au lieu de 163 pouces, on pourra disposer de 220, comme on vient de le voir; il pourrait donc passer sur le CANAL DE SOISSONS 3,239 bateaux du canal de Saint-Denis, et comme ceux-ci ont environ trois fois plus de capacité que les bateaux qui seront appropriés à la navigation du CANAL DE SOISSONS, il s'ensuit que le nombre de ces derniers pourrait s'élever annuellement à 9,707, portant ensemble 776,560 tonneaux, ce qui suppose un transport de marchandises quadruple de celui qui a lieu aujourd'hui sur Paris par la rivière d'Oise et la basse Seine.

d'élever artificiellement de la rivière d'Ailette, dans le bief culminant, les eaux dont on aurait besoin.

Voici la longueur des différentes parties du CANAL DE SOISSONS, et les pentes de chacune d'elles qu'il faudra racheter par des écluses.

1°. *Branche méridionale.*	Longueurs.	Pentes.
Partie ascendante de l'Ourcq au bief culminant. . . .	11,372	19m 018
Bief culminant.	4,766	
Partie descendante du bief culminant dans l'Aisne. . .	10,808	48m 528
	26,946	67m 546
2°. *Branche septentrionale.*		
Partie ascendante de l'Aisne au bief culminant. . . .	7,565	34m 596
Bief culminant.	4,222	
Partie descendante du bief culminant dans le canal Crozat.	21,430	31m 433
	33,217	66m 029

Ainsi, la longueur totale du CANAL DE SOISSONS sera, entre le Port-aux-Perches et Manicamp, de 60,163 mètres, et les pentes en sens inverse, à racheter par des écluses entre ces deux points, de 123m 575.

§. III.

Objet et avantages du CANAL DE SOISSONS.

La longueur du canal de l'Ourcq, depuis le bassin de la Villette jusqu'au moulin du Mareuil, est de. ci.	96,000m.
Le développement de la rivière d'Ourcq, depuis Mareuil jusqu'au Port-aux-Perches, est de. ci.	12,000
La branche méridionale du CANAL DE SOISSONS, joignant l'Ourcq à l'Aisne, a de longueur. ci	26,946
La distance de Soissons à Paris par cette nouvelle voie, est par conséquent de. ci.	134,946

En mesurant sur la carte de Cassini le cours des rivières qui établissent entre ces deux villes la communication par eau qui existe aujourd'hui, on trouve que le développement de cette ligne est, savoir :

1°. De Soissons à l'embouchure de l'Aisne dans la rivière d'Oise, ci	38,000^{m}.
2°. Du confluent de l'Aisne, jusqu'à l'embouchure de l'Oise dans la Seine. ci	103,000
3°. De Conflans jusqu'à l'embouchure du canal de St.-Denis en remontant la Seine. ci	78,000
4°. Trajet du canal de St.-Denis. ci	7,000
5°. Trajet sur le canal de l'Ourcq, y compris le bassin de la Villette. ci	1,500
Total. . .	227,500^{m}.

Il convient d'observer, avant d'établir la comparaison entre ces deux voies navigables, que les distances, en suivant le canal de l'Ourcq et la communication projétée, ont été mesurées avec précision sur le terrain, tandis que le développement de la ligne parcourue sur l'Aisne, l'Oise et la Seine, n'a pu être pris sur la carte que par approximation, et sans avoir égard à toutes les sinuosités de ces rivières, lesquelles ne peuvent y être indiquées, à cause de la petitesse de son échelle. Admettant donc, suivant l'usage des géographes, que ces sinuosités augmentent ce développement d'un dixième, la longueur de 227,500 mètres que nous venons de trouver, devra être augmentée de 21,900 mètres, ce qui la porte à. ci. . . . 249,400^{m}.

Par les canaux de Soissons et de l'Ourcq, le chemin parcouru sera de ci.	134,946
Ainsi, ce dernier chemin est plus court de ci.	114,454^{m}

Différence équivalente aux $\frac{5}{10}$ du chemin que les bateaux suivent actuellement.

On trouvera de même le raccourcissement du trajet de Manicamp à Paris, par la *branche septentrionale* du Canal de Soissons.

La distance de cette ville au bassin de la Villette par la communication projétée, vient d'être trouvée de. ci	134,946^{m}
La longueur de la *branche septentrionale* du Canal de Soissons est de	33,217
Ainsi, la distance de Manicamp à Paris se trouvera par, cette voie, de ci	168,163^{m}
Le développement de la rivière d'Oise, mesuré sur la carte de Cassini, depuis Manicamp jusqu'à l'embouchure de l'Aisne, est de ci. . . .	36,000^{m}.
A partir de ce point jusqu'à Paris, on compte.	189,500
A reporter. . . .	225,500

Report.	225,500
A quoi ajoutant le dixième du développement, de l'Oise et de la Seine, pour en racheter les sinuosités, de ci.	21,700
On a, pour la longueur de la voie navigable actuelle ci.	247,200^{m}
Elle sera sur la voie projétée de ci.	168,163
La différence de ces routes est par conséquent de ci.	79,037^{m}

La voie navigable projétée raccourcira donc d'un tiers celle que l'on suit aujourd'hui.

Il faut considérer de plus que la difficulté de la navigation sur des rivières plus ou moins rapides, et la nécessité de faire le hallage des bateaux tantôt sur l'une de leurs rives, tantôt sur l'autre, doivent plus ou moins ralentir la marche de ces bateaux; on peut donc regarder comme certain que ceux qui viendront de Soissons ou de Manicamp à Paris, en suivant le cours de l'Aisne, de l'Oise et de la Seine, resteront en chemin trois ou quatre fois plus de temps, que ceux qui suivront les canaux; à quoi il faut ajouter que les chances de retard auxquelles la navigation est exposée sur les rivières, sont encore singulièrement variables par la vicissitude des saisons, tandis que les canaux peuvent toujours être maintenus dans un état de *viabilité* tel, qu'il soit facile, en tout temps, de fixer la durée de leur parcours. Le commerce ne retirât-il que cet avantage de leur exécution, il est assez grand pour qu'on se détermine à multiplier autant que possible ces voies de communication.

Celle que nous avons spécialement en vue est comprise, de l'une de ses extrémités à l'autre, dans le département de l'Aisne. Ce département se trouve, par conséquent, appelé le premier à jouir des facilités qu'elle procurera pour l'exportation de ses productions, et l'importation des matières qu'il tire du dehors.

Les denrées qui sont exportées du département de l'Aisne, consistent principalement en blés, avoines, farines et légumes secs; en bois de chauffage et de construction. La plupart de ces objets sont destinés pour Paris; le reste descend à Rouen, d'où les bateaux remontent avec quelques chargemens de savon, d'huile, de sucre, d'épiceries, de cidre, etc.

La statistique du département de l'Aisne, dont la publication est annoncée comme très prochaine, fournira sur les exportations de ce département, des renseignemens plus positifs que ceux que nous pourrions donner aujourd'hui. Nous nous bornerons à parler de ses deux productions principales, les farines, et les bois de chauffage.

La consommation annuelle de la ville de Paris, en farine, est portée dans les registres de la préfecture de police, à 648,000 sacs(1), à l'approvisionnement desquels on estime que le département de l'Aisne contribue pour un cinquième; et comme la ville de Soissons est l'entrepôt de la majeure partie de cette denrée, on peut évaluer à 100,000 sacs, au moins, ce qui en serait transporté chaque année par le nouveau canal.

Sur 8,000 cordes de bois de chauffage provenant de l'exploitation annuelle de la forêt de Villers-Coterets, 2,000 cordes sont embarquées sur l'Aisne, au-dessous et à peu de distance de Soissons; on y embarque aussi des bois de chauffage et de charpente, qui proviennent des futaies et des taillis situés sur l'autre rive. Leur transport pouvant s'effectuer à meilleur marché par le nouveau canal, on ne tarderait pas à les expédier par cette voie.

Quant au transport des 6,000 cordes de bois de chauffage que l'on tire chaque année de la forêt de Villers-Coterets, par l'Ourcq et la Marne, il se ferait, sur la portion de canal comprise entre Vierzy et le Port-aux-Perches aussitôt après son exécution.

Ce bois, flotté sur le ruisseau de Savière, est retiré de l'eau au Port-aux-Perches; on en forme ensuite des trains, qu'on fait flotter sur la rivière d'Ourcq; une partie beaucoup plus considérable la descend en bateau; enfin ces bois sont débarqués à l'embouchure de cette rivière, pour être chargés de nouveau dans des bateaux marnais, qui les amènent à Paris.

Le flottage du bois depuis la forêt, son embarquement au Port-aux-Perches, son transport sur l'Ourcq, son déchargement à Lisy, son rembarquement et son transport sur la Marne, exigent un délai de 20 jours au moins, dans la saison la plus favorable ; tandis que les mêmes bateaux qui prendraient leur chargement de bois le long du canal navigable qui serait ouvert dans la vallée de Long-Pont, ne mettraient pas plus de cinq jours pour se rendre à Paris.

L'avantage de transformer le ruisseau de flottage en un canal navigable a été reconnu depuis long-temps. On assure qu'il en fut question dès l'année 1571; ce qui paraît constant, c'est qu'on s'occupa de nouveau de ce projet en 1752(2); mais alors on ne le faisait pas remonter au-delà de l'abbaye de Long-Pont. Les blés du Soissonnais, destinés pour Paris, devaient être amenés par terre, à cette extrémité du canal, car c'était particulièrement à dessein de faciliter l'arrivage des grains dans cette capitale,

(1) *Recherches sur les consommations de la ville de Paris en* 1817, par M. Benoiston de Châteauneuf, pag. 28.

(2) Voyez *l'Histoire du duché de Valois*, par Carlier tome II, page 615.

qu'il était proposé. On conçoit, par les mêmes motifs, combien son prolongement jusqu'à la rivière d'Aisne, le rendrait plus profitable.

Les vallées de Long-Pont et de l'Échelle que suivra la *branche méridionale* du CANAL DE SOISSONS, les vallées de Grouy, de Margival, et de l'Ailette, que suivra sa *branche septentrionale*, sont plus ou moins marécageuses, et susceptibles d'être notablement améliorées par leur desséchement. Il sera facile de l'opérer au moyen des contre-fossés dont le canal sera bordé. M. l'ingénieur en chef du département de l'Aisne a pensé qu'on devait comprendre dans une seule et même opération, l'ouverture de la *branche septentrionale* du CANAL DE SOISSONS, et le desséchement des marais de l'Ailette. On pourrait y comprendre aussi le desséchement de tous les terrains qui en sont susceptibles, le long de sa *branche méridionale*. Le département de l'Aisne retirerait ainsi, de l'exécution du CANAL DE SOISSONS, le double avantage d'améliorer une partie de son territoire, et de rendre plus facile l'exportation de ses productions.

Les *deux branches* du canal projeté serviraient au transport des charbons de terre, des briques, des marbres, des huiles à brûler, etc., provenans, par le canal de St.-Quentin, du département du Nord.

La *branche méridionale* servirait en outre à importer à Paris, les fers et les bois du département des Ardennes, les diverses productions du sol et de l'industrie de la vallée de la Meuse, et particulièrement les ardoises de Fumay, qui sont comptées parmi les meilleures que l'on connaisse en France.

Les départemens, du Nord, des Ardennes et de la Meuse, recevront en retour, par le CANAL DE SOISSONS, les eaux-de-vie, les sels, les vins, et généralement toutes les productions du midi et du centre de la France, qui peuvent être, pour ces départemens, des objets de consommation, ou devenir des objets de commerce extérieur, par la Belgique et la Hollande.

En un mot, les deux branches du CANAL DE SOISSONS n'étant que le prolongement des canaux de St.-Quentin et des Ardennes, les motifs d'utilité qui ont fait entreprendre ceux-ci, s'appliquent à celui-là, sans aucune restriction. La rivière d'Aisne, l'Oise et la Seine, continueront, à la vérité, d'offrir l'ancienne voie navigable que l'on a suivie jusqu'ici, mais on ne sera point arrêté dans l'ouverture de voies nouvelles, plus courtes et plus commodes, par l'objection d'un prétendu double emploi. Le commerce n'en reconnaît point dans la multiplicité des communications, à l'aide desquelles il peut étendre ses spéculations, et accroître ses profits.

§. IV.

Des dimensions du CANAL DE SOISSONS.

Le CANAL DE SOISSONS doit avoir les mêmes dimensions que le canal de l'Ourcq, avec lequel il se réunit. Il aura, par conséquent, 11^{m} de largeur entre les arrêtes de ses berges, et 1^{m} 70 de profondeur d'eau, ce qui portera à 9^{m} 50 la largeur de sa surface de flottaison.

On n'a pas toujours été d'accord sur le choix des dimensions à donner aux canaux de navigation. On convient généralement aujourd'hui qu'il ne faut point s'assujétir en cela à des règles fixes, puisque, suivant les localités, diverses circonstances peuvent imposer des conditions variables.

Il semble, au surplus, qu'on ait eu en France, sur ce sujet, avant l'exécution du canal de Languedoc, des idées bien différentes de celles qu'on a eues depuis. Le succès de ce grand ouvrage a fait admettre les dimensions de toutes ses parties, comme autant d'exemples classiques, dont il n'était plus permis de s'écarter.

La largeur moyenne du canal de Briare, qui date d'une époque plus reculée, n'est en effet que de 10 à 12 mètres à la surface de l'eau, c'est-à-dire, très peu différente de celle du canal de Soissons qui a été fixée à 9^{m}. 50.

Les étrangers qui, dans ces derniers temps, se sont le plus occupés d'étendre et de perfectionner le système de leur navigation intérieure, ont donné à quelques-uns de leurs canaux les plus importans, des dimensions moindres que celles que nous proposons de donner au CANAL DE SOISSONS. Ainsi, le canal appelé en Angleterre le *Grand Trunk*, qui joint la mer du Nord à la mer d'Irlande, et qui établit une communication entre les ports de Hull et de Liverpool, n'a que 28 pieds anglais, ou 8^{m}50 (1) de largeur à la surface de flottaison; et cependant, malgré la petitesse de sa section, ce canal a été certainement plus productif qu'aucun de nos grands canaux; ses propriétaires actuels retirent, en effet, 60 pour 100 des capitaux qui, depuis 1766 jusqu'en 1770, furent employés à son exécution. Aussi le prix des actions, qui était originairement de 100 livres sterling, s'est-il élevé à 1300 (2).

---

(1) *Des Canaux navigables considérés d'une manière générale*, etc., par M. Huerne de Pommeuse; tom. II. pag. 19.

(2) *Ibid.*, pag. 25.

Aux États-Unis d'Amérique, le grand canal qui joint le lac Erié à la rivière d'Hudson, et dont le développement est de 320 milles anglais, ou de 516 kilom., n'a, à la surface de l'eau, qu'une largeur de 12 mètres, qui est même réduite à 9 dans quelques endroits (1).

Enfin, le canal destiné à joindre cette même rivière d'Hudson au Lac Champlain, c'est-à-dire, à ouvrir une communication entre le port de New-Yorck et le fleuve St.-Laurent, n'a que 30 pieds anglais, ou 9 mètres de largeur à la surface de l'eau (2); et il est à remarquer que ce dernier canal doit spécialement servir à transporter des bois de chauffage ou de construction, et autres productions encombrantes de l'intérieur du pays.

Nous pourrions citer un bien plus grand nombre d'exemples, puisés dans les relations qui ont été publiées récemment sur la navigation intérieure de l'Angleterre et des États-Unis : nous nous bornerons à dire qu'il ne faut donner aux canaux que les dimensions strictement nécessaires pour les rendre propres aux transports auxquels ils doivent servir. Augmenter ces dimensions au-delà des besoins ordinaires, ce n'est pas seulement faire une première mise de fonds inutile, dont l'intérêt demeure à perpétuité à la charge de l'entreprise, c'est encore s'exposer à des dépenses d'eau superflues, et à d'autres dommages dont les réparations exigent des dépenses qui ne sont compensées par aucun bénéfice.

§. V.

Des bateaux qui navigueront sur le Canal de Soissons.

Afin de prolonger autant que possible, chaque année, l'activité de la navigation sur nos rivières, on donne aux bateaux qui y sont employés, une forme telle qu'ils transportent la plus grande quantité de marchandises, en tirant la moindre hauteur d'eau. Or, on ne peut satisfaire à cette condition qu'en gagnant sur la largeur de ces bateaux ce qu'on est obligé de perdre sur la hauteur de leurs bords.

---

(1) La largeur de ce canal a été fixée à 40 pieds anglais, qui équivalent à $12^{m}18$. (*Public documents relating to the New-Yorck canals which are to connect the Western and Northern lakes with the Atlantic Ocean*, etc. (New-Yorck, 1821, pag. 104).

La largeur du même canal a été réduite à 27 pieds anglais, équivalens à $8^{m}22$, dans les parties établies en tranchée. (Ibid. pag. 132).

(2) Ibid. pag. 187.

Voilà pourquoi ceux qui naviguent sur la Loire pour remonter les canaux de Briare et d'Orléans, ne tirent que 50 à 60 centimètres d'eau. Ce sont des espèces de radeaux qui ne servent qu'une fois, et qu'on dépèce pour la plupart à leur arrivée à Paris, d'où résulte une perte annuelle de près de trois millions de francs qui est nécessairement répartie entre le producteur et le consommateur des objets transportés (1).

Lorsque les bateaux de rivière sont fabriqués d'une manière plus solide, comme ceux de la Seine et de la Marne, leur construction exige plus de dépenses; ils ont une plus longue durée; mais aussi, on est obligé de faire varier leurs chargemens suivant les saisons : tel de ces bateaux pourra tirer 1^{m} 60 de hauteur d'eau dans un temps, qui n'en pourra tirer que 80 centimètres dans un autre. Et comme les frais de la navigation, restent toujours à peu près les mêmes, on voit qu'ils doivent se répartir sur des chargemens, qui peuvent, en différant entr'eux du double au simple, élever quelquefois le prix du transport par tonneau, au point qu'il devienne plus avantageux de laisser momentanément de tels bateaux en relâche, que de les faire naviguer : c'est ainsi que les grands bateaux de la basse Seine, par exemple, ne font par année, que trois ou quatre voyages. Ils dépérissent néanmoins pendant qu'on les laisse inactifs, autant, et peut-être plus, que s'ils étaient employés; et l'on perd tout à-la-fois, durant cet intervalle, une partie des capitaux consacrés à leur construction, l'intérêt de ces capitaux, et les bénéfices que l'on retirerait de leur emploi. Toutes ces pertes, à la vérité, se trouvent en définitive couvertes par l'augmentation du fret, lorsque ces mêmes bateaux reprennent leur service; mais il est évident que cette augmentation est toujours acquittée par la marchandise transportée, et que l'excès de valeur qu'elle acquiert par cette cause, se répartit encore entre le producteur et le consommateur; or, cet excès devient pour eux une véritable perte, puisque le capital avec lequel il le paient, ne peut être employé ni en productions ni en consommations nouvelles.

Ceci explique comment tant de voitures de roulage sont employées journellement au transport de denrées et de marchandises qui pourraient être transportées à bien meilleur marché par eau, au moyen de bateaux qui feraient un service régulier.

Des canaux artificiels dont la profondeur d'eau est constante, et sur lesquels, par conséquent, des bateaux d'un certain tonnage peuvent toujours circuler à pleine

---

(1) *Supplément au tome II* de l'ouvrage de M. Huerne de Pommeuse, déjà cité pag. 11.

charge, sont les seules voies qu'on puisse ouvrir à une navigation active. On conçoit bien que ces bateaux doivent être autrement construits que ceux destinés à circuler sur des cours d'eau variables. Ceux-ci, semblables, comme nous l'avons dit, à des espèces de radeaux, doivent avoir une grande largeur, et peu de tirant d'eau; ceux-là, au contraire, doivent être plus hauts de bords, et moins larges, afin de pouvoir se mouvoir sans obstacles sur un canal dont il est utile de réduire les dimensions. Les bateaux profonds et étroits ont d'ailleurs, sur les bateaux larges et de peu de tirant d'eau, l'avantage de pouvoir être pontés, ce qui donne la facilité de tenir leurs chargemens enfermés, et de les mettre ainsi à l'abri de toute avarie, comme de la négligence ou de l'infidélité des bateliers; avantage important, car le commerce n'apprécie pas moins la sûreté de ses cargaisons, que la célérité de leur transport.

Le CANAL DE SOISSONS étant éclusé, et communiquant avec ceux de St.-Quentin et des Ardennes, il faut que les dimensions des bateaux qui y seront employés, leur permettent aussi de fréquenter ces deux canaux, sans qu'il résulte de cette fréquentation, une dépense d'eau inutile au passage de leurs écluses. Il est indispensable, à cet effet, de donner aux bateaux du CANAL DE SOISSONS, la même longueur qu'à ceux de St.-Quentin et des Ardennes, et une largeur sous double. Ainsi, deux de ces bateaux accouplés rempliront le sas d'une écluse de ces deux derniers canaux, comme un seul grand bateau le remplira; d'un autre côté, leur tirant d'eau pouvant être le même, on voit qu'il n'y aura pas plus d'eau dépensée pour le passage d'une écluse par une couple de bateaux simples, que par un seul bateau double.

C'est en établissant ce rapport entre les capacités des bateaux employés sur les différens canaux de l'Angleterre, que la grande et la petite navigation s'y embranchent l'une sur l'autre (1). Les bateaux de la moindre dimension l'emportent d'ailleurs sur les bateaux de la plus grande par la faculté qu'ils ont de parcourir toutes les communications intérieures qui lient entr'elles les différentes provinces de ce pays; l'expérience de nos voisins justifie depuis long-temps l'adoption que nous proposons de faire en France d'un semblable système.

Les plus grands bateaux du canal de St.-Quentin ayant 5 mètres de large sur 34 mètres de long, ceux du CANAL DE SOISSONS devront avoir la même longueur de 34 mètres, et 2m 40 de largeur.

---

(1) Voyez *les Mémoires sur les travaux publics de l'Angleterre*, par M. Dutens (Imprimerie royale 1819).

Étant vides, ils tireront de 20 à 25 centimètres d'eau, et 1m.25, en pleine charge. Leur port sera, par conséquent, d'environ 80 tonneaux.

On les fera marcher à la file les uns des autres, sur les canaux de Soissons et de l'Ourcq; ils seront accolés deux à deux sur les canaux de St.-Quentin et des Ardennes, si l'on trouve plus de facilités et d'économie à les faire cheminer ainsi.

En proposant l'usage de bateaux dont la longueur et la largeur soient entr'elles dans le rapport de 14 à 1, nous pouvons nous appuyer de l'exemple de deux peuples essentiellement agriculteurs et commerçans, peut-être plus habitués que nous à asseoir leurs déterminations sur des évaluations de profits et de pertes, et qui nous ont devancés dans l'établissement de leur navigation intérieure.

Les bateaux en usage sur plusieurs canaux d'Angleterre, et notamment sur celui appelé le *Grand Trunk,* dont nous avons déjà parlé, n'ont que 6 pieds de large sur 80 pieds de longueur (1); ceux qui sont employés sur les affluens du Potomak, aux États-Unis d'Amérique, ont 75 pieds de long et 5 pieds de largeur (2). Il suffit de ces deux exemples, pour montrer que, si nous proposons d'introduire chez nous une innovation dans la forme des bateaux, l'expérience a depuis long-temps justifié chez les autres l'adoption de ces formes.

Nos bateaux du Canal de Soissons n'approcheront pas sans doute par leurs dimensions de ces énormes barques que nous voyons employées sur l'Oise, la Seine et la Marne; mais il faut se rappeler que le tonnage moyen de tous les bâtimens de commerce de l'Angleterre, n'est que de 100 tonneaux (3), et que celui de nos bateaux s'élève à 80.

Veut-on au surplus se faire une juste idée de leur capacité? qu'on se rappelle que la consommation de la ville de Paris, en farines, s'élève à 1,800 sacs, par jour; le poids du sac est, comme on sait, de 325 liv. ou de 159 kilogrammes; les 1,800 sacs pèsent, par conséquent, 288 tonneaux.

Ainsi, quatre de nos bateaux qui, chargés de farines, arriveraient chaque jour par le canal de l'Ourcq, au bassin de la Villette, suffiraient pour l'approvisionnement de la capitale, dont la population s'élève à près de 750,000 habitans.

---

(1) *Des Canaux navigables*, par M. Huerne de Pommeuse, tome II, pag. 20.

(2) *A chorographical and statical Description of the district of Columbia,* by M. Warden, pag. 74

(3) Histoire critique et raisonnée de la situation de l'Angleterre par M. de Montvéran, tom I, pag. 339.

De tels bateaux ne peuvent pas être considérés comme d'une petite capacité. Il est même probable que, malgré la possibilité d'élever leur chargement à 80 tonneaux, on le bornera souvent à 60 ou 70, moins par la nécessité de réduire leur tirant d'eau, que pour ne pas s'exposer à perdre trop de temps dans l'attente d'un chargement complet. Car le temps est l'élément le plus précieux de la dépense des transports, et il faut désormais trouver, dans la mobilité des moyens qu'on emploiera pour les effectuer sur les canaux navigables, les mêmes avantages que l'on trouve à substituer dans les transports par terre, le roulage accéléré au roulage ordinaire (1).

§. VI.

Des Ecluses sur le CANAL DE SOISSONS.

La largeur des bateaux du CANAL DE SOISSONS ayant été fixée à 2m 40, on donnera aux écluses de ce canal, 2m 60 d'ouverture, et à leur sas 34 mètres de longueur.

L'usage a été, jusqu'à présent, de donner aux écluses des canaux de navigation, une chute de 2m 50 ou 2m 60.

La chute des écluses du CANAL DE SOISSONS sera réduite à 1m 25. On a vu, §. 2 de ce mémoire, que les pentes à racheter de part et d'autre des deux branches du canal, étaient ensemble de 123m 575; ce qui porte à 100 le nombre des écluses à construire entre les canaux de l'Ourcq et de St.-Quentin.

Par cette réduction de chute, on obtiendra plusieurs avantages qu'on doit toujours se proposer d'atteindre.

1° *Sur les Terrassemens.* Les déblais et remblais du canal dans toutes les parties où il sera ouvert en plaine, c'est-à-dire, sur environ 50,000 mètres, formant les 5/6e de sa longueur totale, ne seront que la moitié de ce qu'ils seraient, si l'on donnait aux écluses, 2m 50, au lieu de 1m 25 de chute.

---

(1) Ce motif pourrait, conformément à l'avis de M. l'ingénieur en chef du département de l'Aisne, déterminer à réduire encore de moitié la longueur des bateaux du Canal de Soissons. Il en faudrait alors un train de quatre, accouplés deux à deux, pour circuler, sans perte d'eau, sur les canaux de St.-Quentin et des Ardennes. Cette question mérite examen, car si la difficulté de construire, et de faire circuler sur le Canal de Soissons, des bateaux de 34 mètres de longueur, n'est pas démontrée; il est certain, du moins, qu'en réduisant cette longueur de moitié, on pourrait obtenir sur la dépense d'établissement des écluses, une économie de 30 ou 40 pour 100.

2° *Sur la dépense d'eau.* Lorsque les mêmes bateaux, doivent monter et descendre successivement en pleine charge les biefs situés de chaque côté du point de partage d'un canal de navigation, il est aisé de s'assurer que la dépense d'eau, pour le service de la navigation, est proportionnelle à la chute des écluses. Celles du CANAL DE SOISSONS, n'ayant que $1^{m}\,25$ de chute, leur dépense d'eau ne sera que la moitié de ce qu'elle serait, si la chute de ces écluses était portée à $2^{m}\,50$, suivant un usage généralement adopté jusqu'ici.

Il est également aisé de s'assurer que les pertes qui peuvent avoir lieu accidentellement le long ou à travers les portes, lorsqu'elles sont fermées, augmentent dans un plus grand rapport que la différence de niveau des biefs contigus, ou que la chute des écluses qui les séparent. Ces pertes ne seraient donc pas sur le CANAL DE SOISSONS la moitié de ce qu'elles seraient, si l'on donnait à ses écluses la chute de $2^{m}\,50$.

Quant aux dépenses de leur construction et de leur entretien, elles sont, suivant leurs chutes, dans un rapport tantôt plus grand, tantôt plus petit, que celui de ces chutes. En Angleterre et aux États-Unis, on les évalue comme si elles leur étaient rigoureusement proportionnelles, et cette hypothèse, dans les limites ordinaires, s'approche assez de la vérité, pour être généralement admise; ainsi, la dépense à faire pour l'*éclusage* (1) d'un canal dont les deux extrémités sont fixes, reste constante, quel que soit le nombre des écluses au moyen desquelles on rachète la pente totale, pourvu que leurs chutes demeurent comprises entre un et quatre mètres.

La réduction de chute des écluses opérera, comme on voit, sur les fouilles du CANAL DE SOISSONS, et sur la consommation d'eau qui est indispensable à la navigation, une économie considérable, qui ne sera achetée par aucune dépense extraordinaire de construction.

On est porté à croire, au premier aperçu, qu'en réduisant la chute des écluses, et, par conséquent, en augmentant leur nombre sur un canal d'une certaine longueur, on augmentera sensiblement la durée de son trajet. Il suffit pour rectifier les idées à cet égard, d'appliquer le calcul à la recherche du temps nécessaire au passage d'écluses de chute différente. Si, par exemple, la communication de nos écluses du CANAL DE SOISSONS, qui ont $1^{m}\,25$ de chute, est établie entre leurs biefs contigus, par des tuyaux de fonte de 50 centimètres de diamètre, on trouve, pour le temps nécessaire au remplissage et à l'évacuation d'un sas, 4 minutes 7 secondes, auxquelles

(1) Nous traduisons ici par le mot *éclusage*, le mot anglais *(lockage) établissement d'une certaine hauteur d'écluses.*

ajoutant 1 minute 53 secondes pour le temps employé à la manœuvre des portes, on voit qu'il suffira de 6 minutes pour le trajet d'une écluse par un bateau (1).

Il faudra, par conséquent, 10 heures pour traverser les 100 écluses qui seront établies sur le CANAL DE SOISSONS, depuis le Port-aux-Perches, jusqu'à Manicamp.

Supposant les chutes de 2^m 50, le passage de chaque écluse exigera, en partant des mêmes données, 8 minutes 24 secondes. Ainsi, les 50 écluses qu'il faudra traverser sur toute la longueur du canal, exigeront 7 heures de temps.

La longueur du CANAL DE SOISSONS est de 60,000 mètres environ. Le hallage y étant fait par des hommes qui travaillent 10 heures par jour, et qui parcourrent 2,000 mètres par heure, il faudrait 30 heures pour le parcourir d'une de ses extrémités à l'autre en le supposant sans écluses.

Il faudrait donc 40 heures pour faire le même trajet en traversant 100 écluses, de 1^m 25 de chute, et 37 heures, en traversant 50 écluses d'une chute double; il n'y a, comme on voit, dans l'un et l'autre cas qu'une différence de 3 heures, sur environ 4 jours de marche.

Outre l'avantage d'économiser l'eau employée au service de la navigation, et celui de diminuer les dépenses de premier établissement et d'entretien de tous les ouvrages, l'adoption des écluses à petite chute, sur le CANAL DE SOISSONS, pourra procurer encore l'avantage d'économiser le salaire des éclusiers, et les frais de construction de leurs maisons le long du canal.

En effet, si en Angleterre, où les pentes des canaux sont en général, comme chez nous, rachetées par des écluses à grande chute, la manœuvre de ces écluses est confiée aux bateliers eux-mêmes, à mesure qu'ils ont besoin de les traverser, on conçoit qu'à plus forte raison, le secours d'éclusiers à gage, deviendra tout-à fait inutile, lorsque la légéreté des portes, et la simplicité de l'appareil destiné au remplissage et à l'évacuation du sas, permettront de manœuvrer, pour ainsi dire sans effort, ces portes et cet appareil.

Un éclusier à poste fixe, faisant ordinairement de son habitation un point de stationnement obligé pour les bateliers, a moins d'intérêt à accélérer qu'à retarder leur marche. Ceux-ci, au contraire, toujours intéressés à transporter le plus promptement possible à leur destination les chargemens qu'on leur confie, se trouvent les surveillans naturels les uns des autres dans les soins qu'ils apportent à manœuvrer les écluses, et à les maintenir en bon état. Voilà pourquoi, sur les canaux d'Angleterre, les bateaux

(1) Architecture hydraulique de Prony, tom. I, pag. 344.

traversent les écluses avec tant de célérité, et pourquoi, chaque batelier, connaissant celui qui le précède, peut tenir les régisseurs de ces canaux exactement informés de la moindre avarie qui survient, et du nom de celui des bateliers aux dépens duquel elle doit être réparée. Ces dispositions ne dispensent pas d'ailleurs d'entretenir, dans toute l'étendue du canal, un certain nombre de surveillans, qui le parcourent journellement, pour y maintenir la police, et en assurer l'entretien.

§. VII.

Des Ponts et autres Ouvrages du CANAL DE SOISSONS.

Le CANAL DE SOISSONS traversera au moyen de ponts fixes les routes royales de Château-Thierry à Béthune, de Rouen à Rheims, de Paris à Bruxelles ; et la route départementale de Soissons à Neufchâtel.

Ce CANAL ne rencontrera, dans le reste de son cours, que des chemins vicinaux, ou même de simple exploitation. Les ponts à construire sur ces communications, sont au nombre de 35, ils seront fixes ou mobiles.

Il faudra, en outre, établir un pont aqueduc de 27 mètres d'ouverture entre ses culées, sur la rivière d'Oise, à Manicamp.

Le CANAL DE SOISSONS devant être ouvert au fond des vallées de Long-Pont et de Vierzy, de l'Échelle et de la Crise, de Crouy et de Margival, de Vaussallion et de l'Ailette, sera bordé, dans toute sa longueur, de deux contre-fossés, destinés à recevoir les eaux provenant des deux côtes opposées et des vallons affluens; l'on ne voit, quant à présent, aucun point où il soit nécessaire de faire passer les eaux sauvages d'un côté à l'autre du canal. Si la nécessité en était reconnue quelque part, le peu de volume de ces eaux permettrait de les faire écouler au moyen de simples tuyaux de fonte.

Indépendamment des quatre déversoirs de prise d'eau, qui seront construits de part et d'autre des points culminans des deux branches du CANAL DE SOISSONS, pour en alimenter les deux biefs de partage, on posera en quelques endroits des chemins de hallage, des tuyaux de conduite, au moyen desquels on pourra, à volonté, faire entrer de nouvelles eaux dans le canal, ou en faire écouler les eaux surabondantes.

Nous n'avons point parlé des garres et des ports qu'il faudra établir sur les deux branches du CANAL DE SOISSONS, pour le stationnement, le chargement et le déchargement des bateaux; on en formera autant que les besoins de la navigation l'exigeront successivement. L'indication de leur emplacement serait ici prématurée.

§. VIII.

Estimation des terrassemens en plaine et en tranchée, ainsi que des ouvrages d'art du Canal de Soissons.

Branche méridionale.

Les estimations comprises dans ce paragraphe sont basées sur le prix d'ouvrages de la même nature déjà exécutés et que nous allons indiquer.

Acquisitions de terrains occupés par le canal, ses chemins de hallage, ses contre-fossés, et autres dépendances ci. . . . . 96,000 fr.

D'après une adjudication passée le 10 mai 1811, à la préfecture de la Seine, 2,950 mètres de longueur, du canal de l'Ourcq dans la plaine de Précy, ont coûté, y compris le dressement des talus, leur ensemencement, etc., 40,398 fr., ce qui a fait revenir le mètre courant à 13 fr. 69 c.

Le canal de l'Ourcq et celui de Soissons sont ouverts sur les mêmes dimensions. Nous estimons les terrassemens de ce dernier, qui seront exécutés en plaine, à raison de 15 francs le mètre courant. 22,180 mètres de longueur de canal à ce prix, coûteront ci. 332,700

2,766 mètres courans de tranchée à ciel ouvert, à l'entrée et à la sortie du souterrain, coûteront ci. . . . 110,640

« Le canal souterrain de St.-Quentin, de 8 mètres de « largeur, et de 8 mètres de hauteur sous clef, ne coûte « qu'à peu près 500 fr. le mètre, y compris le revêtement « en briques. »

(Rapport de la Commission des canaux, du 17 novembre 1821, sur un mémoire adressé à M. le Directeur général des ponts-et-chaussées, concernant le tracé du canal des Ardennes.)

A reporter. . . . . 539,340 fr.

Report. . . . . 539,340 fr.

Là section transversale du bief souterrain du canal de St.-Quentin est à très peu près quadruple de la section transversale du bief souterrain du CANAL DE SOISSONS; nous évaluons celui-ci à raison de 360 fr. le mètre courant.

2,000 mètres à ce prix, coûteront ci. 720,000

On a construit dans toutes les provinces de l'Angleterre, depuis 1766, un très grand nombre d'écluses. L'expérience a appris que la dépense de leur construction était proportionnelle à leur chute. Cette dépense, pour des écluses de mêmes dimensions à peu près que celles du canal de Bourgogne, est généralement évaluée à raison de 100 livres sterling le pied anglais de chute, ce qui revient à 8,110 fr. le mètre. Ce prix du mètre d'*Éclusage* est sans doute beaucoup moindre que celui des ouvrages de la même nature, qui ont été exécutés en France jusqu'en ces derniers temps; mais M. FÈVRE, ingénieur en chef qui est chargé dans le département de l'Yonne, d'une partie des travaux du canal de Bourgogne, vient tout récemment de faire exécuter sur ce canal, des écluses de 5m 20 d'ouverture, et de 2m 598 de chute, moyennant la somme de 34,590 fr. 22 c.; le mètre d'*Éclusage* revient par conséquent à 13,314 francs.

Le même ingénieur fait construire maintenant sur le même canal, des écluses des mêmes dimensions, qui ne coûteront que 27,000 fr. l'une; c'est-à-dire 10,400 francs le mètre de chute.

Nos écluses du CANAL DE SOISSONS auront la même longueur que celles du canal de Bourgogne. Mais leur largeur sera de 2m 60 seulement, ou précisément sous double, nous les évaluons à 9,000 francs le mètre de chute.

67m 546 de hauteur verticale d'*éclusage* à ce prix, coûteront ci. 627,914

A reporter. . . . . 1,887,254 fr.

Report.	1,887,254 fr.	
16 petits ponts sur autant de chemins vicinaux ci. . .	64,000	
Déversoirs et tuyaux de fonte pour prises d'eau ci. .	15,000	
Total des ouvrages ci.	1,966,254	
Dépenses imprévues ci.	196,625	
Appointemens et frais de conduite ci.	98,312	
TOTAL pour la *branche méridionale* du CANAL DE SOISSONS.	2,261,191 fr.	2,261,191 fr.

Branche septentrionale.

Acquisition des terrains occupés par le canal et ses dépendances.	120,000 fr.	
28,995 mètres courans de canal en plaine.	434,925	
3,772 mètres courans de tranchées à l'entrée et à la sortie du souterrain.	150,880	
500 mètres de canal souterrain.	180,000	
66m 029 de hauteur verticale *d'éclusage*.	594,261	
19 petits ponts sur autant de chemins vicinaux . .	76,000	
Déversoirs et tuyaux de fonte pour prises d'eau. . .	15,000	
Pont-canal sur l'Oise.	60,000	
Total des ouvrages.	1,631,066	
Dépenses imprévues.	163,106	
Appointemens et frais de conduite.	81,553	
Total pour la *branche septentrionale* du CANAL DE SOISSONS.	1,874,725	1,874,725
Total pour les deux branches ci.		4,135,916 fr.

§. IX.

Des revenus du CANAL DE SOISSONS.

Le CANAL DE SOISSONS se lie à ceux de St.-Quentin, de l'Ourcq et des Ardennes, sur chacun desquels les droits de navigation ont été fixés par des lois spéciales du 31 décembre 1817, du 20 mai 1818, et du 5 août 1821.

Nous évaluerons le revenu du Canal de Soissons d'après le tarif arrêté pour le canal des Ardennes, par la plus récente de ces lois.

Nous ferons cette évaluation en distinguant les transports des denrées et marchandises qui auront lieu par le Canal de Soissons, considéré 1° comme un débouché particulier du département de l'Aisne; 2° comme une nouvelle communication ouverte avec le canal de St.-Quentin; 3° enfin comme un prolongement du canal des Ardennes.

1° *Produits du département de l'Aisne.* La communication de Soissons à Paris par le nouveau canal est de 114 kilomètres plus courte que cette communication par l'Aisne, l'Oise et la Seine (*page 7 de ce Mémoire*).

Elle n'est d'ailleurs que de 30 kilomètres plus longue que la distance entre ces deux villes par la grande route qui va de l'une à l'autre; on peut donc estimer que la presque totalité des farines du département de l'Aisne, qui servent à l'approvisionnement de Paris, y viendront par le nouveau canal à partir de Soissons qui en est l'entrepôt.

Le cinquième de la consommation annuelle de la ville de Paris en farines que l'on tire du département de l'Aisne est comme on l'a vu de 108,000 sacs équivalens à 18,000 tonneaux environ dont nous supposerons 15,000 tonneaux seulement expédiés par le nouveau canal.

Le tarif annexé à la loi du 5 août 1821, fixe à 25 centimes le prix du transport du kilolitre de farine ou à 32 centimes le prix du tonneau, par distance de 5 kilomètres.

Le transport des 15,000 tonneaux de blés et de farines, pour six distances à ce prix, produira ci.	24,000 fr.	
10,000 tonneaux d'avoines et autres grains, légumes secs etc., au même prix ci.	16,000	
8000 cordes de bois de chauffage pesant ensemble 24,000 tonneaux à 23 centimes par distance, pour quatre distances réduites ci.	22,080	
Transport des bois de charpente et autres bois œuvrés évalués au quart du bois de chauffage ci.	5,520	
Pailles et fourrages.	6,000	
Importations dans le département de l'Aisne estimées au tiers des exportations ci.	24,566	
Report.	98,166 fr.	98,166 fr.

Report. 98,166 fr.

2° *Produits provenant du canal de St.-Quentin.* Le montant annuel des droits du canal de St.-Quentin est encore très variable. Il a été, en 1819, de 89,350 f. 62 c. Il s'est élevé à 324,412 f. 86 c. en 1822; il s'élevera de plus en plus.

Nous admettons cependant que les droits sur les denrées et marchandises qui arriveront à Chauny à l'époque de l'achèvement du CANAL DE SOISSONS, monteront annuellement à 300,000 f. pour le parcours des 18 distances du canal de St.-Quentin.

Nous admettons encore que la moitié de ces denrées et marchandises arrivées à Manicamp, continuera de suivre la voie actuelle par la rivière d'Oise, et que l'autre moitié seulement sera dirigée vers Paris par le CANAL DE SOISSONS.

Le montant des droits de cette seconde moitié sur les douze distances formant la longueur de notre canal depuis Manicamp jusqu'au Port-au-Perchés, serait par conséquent de 100,000 f., en supposant que ces droits y fussent perçus conformément au tarif du canal de St.-Quentin; mais attendu que le tarif du canal des Ardennes pour le transport du charbon de terre est environ quatre fois plus élevé; et que le charbon de terre sera toujours l'objet principal des produits du CANAL DE SOISSONS qui, proviendront de celui de St.-Quentin, nous les évaluerons à ci. . . . 300,000 fr.

3° *Produits provenant du canal des Ardennes.* Les produits du canal des Ardennes sont de 7 à 800 mille francs (1). Sa longueur totale est de 91,749 mètres, ou en nombre rond de 18 distances.

A reporter. . . . . 398,166 fr.

(1) « Le tonnage des marchandises qui seront transportées sur le canal des Ardennes est évalué « à 34,000 mille tonneaux par an, et le produit à 7 à 800,000 francs. »

(*Observations de M. Sartoris, adressées à M. le Directeur-Général des Ponts-et-Chaussées*, le 13 janvier 1823.)

Report.		398,166 fr.
Nous admettons que la moitié seulement des denrées et marchandises dont le transport produira 750,000 fr. de revenu sur le canal des Ardennes, passera par le CANAL DE SOISSONS, et en parcourra 6 distances sur l'une et l'autre branche ci.	125,000 fr.	
	125,000	125,000 fr.
TOTAL des produits.		523,166 fr.

Ce sera, par conséquent, dans un revenu brut de 523,166 fr. environ, qu'il faudra trouver 1° l'intérêt des capitaux employés à l'exécution du CANAL DE SOISSONS, 2° les frais annuels de son entretien et de son administration, 3° enfin, un fonds de réserve destiné à des réparations extraordinaires, à des améliorations successives dont on reconnaîtrait la nécessité.

La question la plus importante à laquelle un projet de canal de navigation puisse donner lieu, est incontestablement celle qui a pour objet l'évaluation de ses produits. On ne peut en effet juger de l'utilité de l'entreprise qu'à l'aide de cette évaluation. Malheureusement, ses élémens ont toujours quelque chose d'hypothétique, tant qu'ils ne sont point fournis par l'expérience, et l'expérience ne peut jamais s'acquérir que par l'exécution même du canal. Afin d'éviter des mécomptes dans l'évaluation de ces produits, il convient de l'établir sur des données plus propres à les atténuer qu'à les exagérer; c'est ce que nous croyons avoir fait, en estimant le revenu du CANAL DE SOISSONS tel qu'il vient d'être présenté. Il est sans exemple qu'un canal ouvert dans une contrée, ne lui ait pas procuré des avantages inespérés par l'extension de relations commerciales, qui naissent toujours de la facilité qu'elles ont de s'établir.

§. X.

De l'ordre à suivre dans l'exécution du CANAL DE SOISSONS.

Les travaux du CANAL DE SOISSONS doivent être dirigés de manière à en tirer le meilleur parti possible à mesure de leur exécution, et pour atteindre ce but, il n'est point indifférent de les commencer par l'une ou par l'autre de ses branches.

Si, par exemple, la *branche septentrionale* était ouverte la première, elle ne pourrait servir qu'à approvisionner l'intérieur du département de l'Aisne de quelques produits du département du Nord, et réciproquement. Les charbons de terre destinés pour Paris et l'intérieur du royaume, continueraient de suivre, sur l'Oise et la Seine, la route qu'ils suivent aujourd'hui, et les péages perçus sur la nouvelle voie navigable que l'on aurait ouverte entre Manicamp et Soissons, demeureraient probablement pendant long-temps fort au-dessous de l'intérêt annuel des capitaux dont on aurait fait les avances.

Il en sera tout autrememt si la *branche méridionale* du CANAL DE SOISSSONS est ouverte la première; car elle servira à exporter vers Paris non-seulement les productions du département de l'Aisne, mais encore une partie des marchandises qui descendront du canal des Ardennes. Ainsi, la jouissance de produits assurés serait le résultat immédiat des dépenses que l'on aurait faites.

Nous avons vu (*page* 22), que celles de la *branche méridionale* du CANAL DE SOISSONS devaient s'élever à ci 2,261,191 fr. dont l'intérêt, à 5 pour 100 est de ci. . . . . 107,559 f. 75 c.

Les produits de la navigation sur cette branche peuvent être évalués aux $\frac{9}{10}$ de ceux qui proviendront du département de l'Aisne et du canal des Ardennes, après l'achèvement total du CANAL DE SOISSONS.

Nous les avons trouvés de 223,166 francs, dont les $\frac{9}{10}$ sont de ci. . . . . 200,850 f. 60 c.

Il restera, par conséquent, une somme de ci. . . . . 93,290 f. 85 c.
dont on pourra disposer pour les frais annuels d'administration et d'entretien du canal.

En partant de ces données, le produit brut de la *branche méridionale* du CANAL DE SOISSONS sera, comme on voit de 9,668 pour 100, et pour l'obtenir promptement, il suffira que la portion du canal dont il s'agit, et le canal des Ardennes se trouvent achevés à peu près à la même époque.

On peut aisément s'assurer, en comparant la dépense totale d'exécution des deux branches du CANAL DE SOISSONS au produit brut de la navigation à laquelle elles serviront entre le Port-aux-Perches et Manicamp, que ce produit brut sera de 12,568 pour 100, c'est-à-dire de 3 pour 100, supérieur au produit brut de *la branche méridionale*, si l'on se bornait à l'exécuter. Cela montre comment les canaux, en s'embranchant les uns sur les autres, s'enrichissent mutuellement.

§. XI.

Voies et moyens d'exécution du CANAL DE SOISSONS ; *concession qui doit en être faite.*

M. le DIRECTEUR-GÉNÉRAL des ponts-et-chaussées, en répondant le 24 mai dernier à la compagnie des canaux de Paris, qui a soumis à son examen le projet du CANAL DE SOISSONS, en a reconnu les avantages ; mais observant que *cette nouvelle voie navigable serait à la voie actuelle, par l'Aisne, l'Oise et la Seine, ce qu'une route départementale est à une route royale,* il a pensé que le gouvernement ne devait point contribuer aux dépenses de cette entreprise. Elle se trouve ainsi placée au nombre de celles qui doivent être exécutées sur les fonds départementaux, ou mieux encore, aux frais et risques d'une association de particuliers auxquels on en concéderait les revenus, en acquittement des avances qu'ils auraient faites pour son exécution (1).

Confier à l'intérêt privé le soin de diriger avec ordre et économie, de grands travaux d'utilité publique, est incontestablement le moyen le plus efficace d'en assurer le succès ; aussi, ce moyen a-t-il été indiqué comme le premier de tous, dans le rapport fait au ROI en 1820, sur notre système de navigation intérieure. Des côtés les plus opposés de la Chambre élective de 1822, on s'est rapproché pour en faire valoir les avantages ; et l'exemple de l'Angleterre, qui depuis un demi-siècle doit à l'emploi qu'elle en a fait l'accroissement de ses richesses, n'a point été cité inutilement pour éclairer l'opinion sur cette importante vérité. Le principe des concessions, généralement admis, n'a plus désormais besoin de défenseurs, il ne réclame que des applications. Mais il faut l'appliquer à profit, et ne pas entrer dans une nouvelle carrière par une fausse route qui nous éloignerait du but, au lieu de nous y conduire.

---

(1) De ce que le gouvernement ne fera aucun frais pour l'exécution du CANAL DE SOISSONS, il est naturel de conclure que la Compagnie à laquelle ce canal *départemental* sera concédé, aura la faculté de l'exécuter, en employant, dans son intérêt, tels procédés économiques qu'elle jugera convenables, et qu'il ne pourra lui être prescrit aucun mode de construction de la nature de ceux qui, rendant les ouvrages plus dispendieux, sans les rendre plus utiles, servent seulement à attester le pouvoir et la magnificence des gouvernemens qui les paient.

Quelle que soit la durée d'une concession temporaire, il est nécessaire que la compagnie à laquelle la jouissance en est accordée, trouve, dans le revenu de son entreprise, l'intérêt et le remboursement des capitaux dont elle a fait les avances, pour la mettre à exécution. Ainsi, les droits de péage qui, par exemple, constituent le revenu d'un canal, doivent être d'autant plus élevés que la concession qui en est faite, a moins de durée.

D'un autre côté, quelqu'avantageuse que soit une nouvelle voie navigable, ce n'est jamais au moment même où elle vient d'être ouverte, qu'on en obtient tous les produits.

Afin d'attirer sur un canal le transport des denrées, il faut modérer, autant que possible, les droits de navigation auxquels elles sont assujéties, et s'exposer ainsi, dans les premières années, à perdre la prime de remboursement que les produits du canal doivent acquitter; or, il est évident qu'on se mettra à l'abri de cette chance en s'affranchissant de la nécessité de rembourser les capitaux primitivement employés, c'est-à-dire, en obtenant une concession perpétuelle. Ajoutons, ce qu'il est important de remarquer, que la valeur des actions d'une concession perpétuelle s'accroît de plus en plus, à mesure que le canal qui en est l'objet, devient plus fréquenté, et qu'il reçoit, avec le temps, plus d'améliorations; tandis, au contraire, qu'à partir d'une certaine époque, les actions d'une concession temporaire perdent successivement de leur prix, jusqu'à son expiration, puisqu'à ce terme, la valeur de ces actions se trouve nécessairement anéantie.

Ajoutons encore que la perpétuité de la concession assimile le canal à une propriété foncière dont les possesseurs se contentent toujours d'une rente plus faible que l'intérêt qu'ils exigeraient d'un placement de fonds moins assuré; or, cet abaissement du taux de la rente n'est autre chose que la réduction des droits de péage sur le canal, réduction qui tourne toujours à l'avantage du commerce et de l'industrie.

Après avoir, par la perpétuité de la concession, établi entre les concessionnaires, les commerçans, et les manufacturiers une sorte de communauté d'intérêts, il convient aussi de faire entrer dans cette communauté, les intérêts territoriaux de la contrée où le canal doit être ouvert; et l'on y parviendra en le concédant, sinon exclusivement, du moins en majeure partie à des propriétaires du pays. L'entreprise peut devenir ainsi un nouveau moyen d'améliorations, par l'emploi de mesures concertées, auxquelles des concessionnaires tout-à-fait étrangers au sol ne seraient peut-être pas toujours disposés à se prêter; ainsi disparaîtraient d'elles-mêmes, dès l'origine des travaux, la plupart des difficultés qu'on rencontre à acquérir à leur juste valeur les terrains qu'ils doivent occuper. Ainsi se trouveraient fixés dans la position la plus avantageuse aux établissemens industriels et aux exploitations rurales les ponts à construire sur le canal, les bassins destinés à servir de ports, etc. Ainsi se trouveraient tracées dans les directions les plus convenables les nouvelles communications à ouvrir pour y accéder. Enfin lorsqu'il est possible de faire servir un canal de navigation ou ses contrefossés au dessèchement des terres qu'il traverse, ce n'est qu'en associant aux concessionnaires du canal les propriétaires des marais à dessécher qu'on peut espérer d'obtenir promptement le succès simultané des deux opérations.

Si dans l'établissement d'un canal les intérêts de la concession qui en est faite se concilient d'autant mieux avec les intérêts du commerce, de l'industrie et de l'agriculture, que les concessionnaires sont eux-mêmes des propriétaires et des habitans du pays, on n'en doit pas moins appeler à participer à l'entreprise des capitalistes étrangers, quand par l'effet des circonstances, ils doivent trouver dans son heureux achèvement un accroissement certain de revenus. On conçoit, par exemple, que la compagnie des canaux de Paris doit apporter un intérêt très vif à l'ouverture du CANAL DE SOISSONS. Et sans doute elle ne pouvait mieux concourir à l'accélérer qu'en se constituant la première en avances pour la rédaction du projet qui en a été dressé; elle ne manquera pas sans doute de coopérer de ses fonds et de son expérience à ces importans travaux, mais leur succès sera d'autant plus sûrement garanti, qu'une plus grande réunion d'habitans du département de l'Aisne se présentera pour y coopérer avec elle.

Perpétuité de la concession, appel du plus grand nombre possible de propriétaires du pays à y participer, voilà les deux bases fondamentales sur lesquelles doit se former la Compagnie qui se chargera d'exécuter le CANAL DE SOISSONS. Elle constatera son existence en soumettant à l'approbation du Gouvernement les statuts destinés à la régir et en provoquant près de lui les actes en vertu desquels elle sera définitivement constituée.

Notre objet, en publiant ce Mémoire, a été de donner une juste idée des avantages dont le CANAL DE SOISSONS enrichira le département de l'Aisne, et d'indiquer les meilleures voies de parvenir à son exécution. C'est à l'administration éclairée de ce département qu'il appartient maintenant de diriger sur cette utile entreprise l'esprit d'association qui a produit chez nos voisins de si étonnans résultats, et dont aujourd'hui nous avons en France tant d'améliorations à espérer.

FIN.

TABLE.

Page

FIN DE LA TABLE DES MATIÈRES.

IMPRIMÉ CHEZ PAUL RENOUARD, RUE DE L'HIRONDELLE, N° 22.

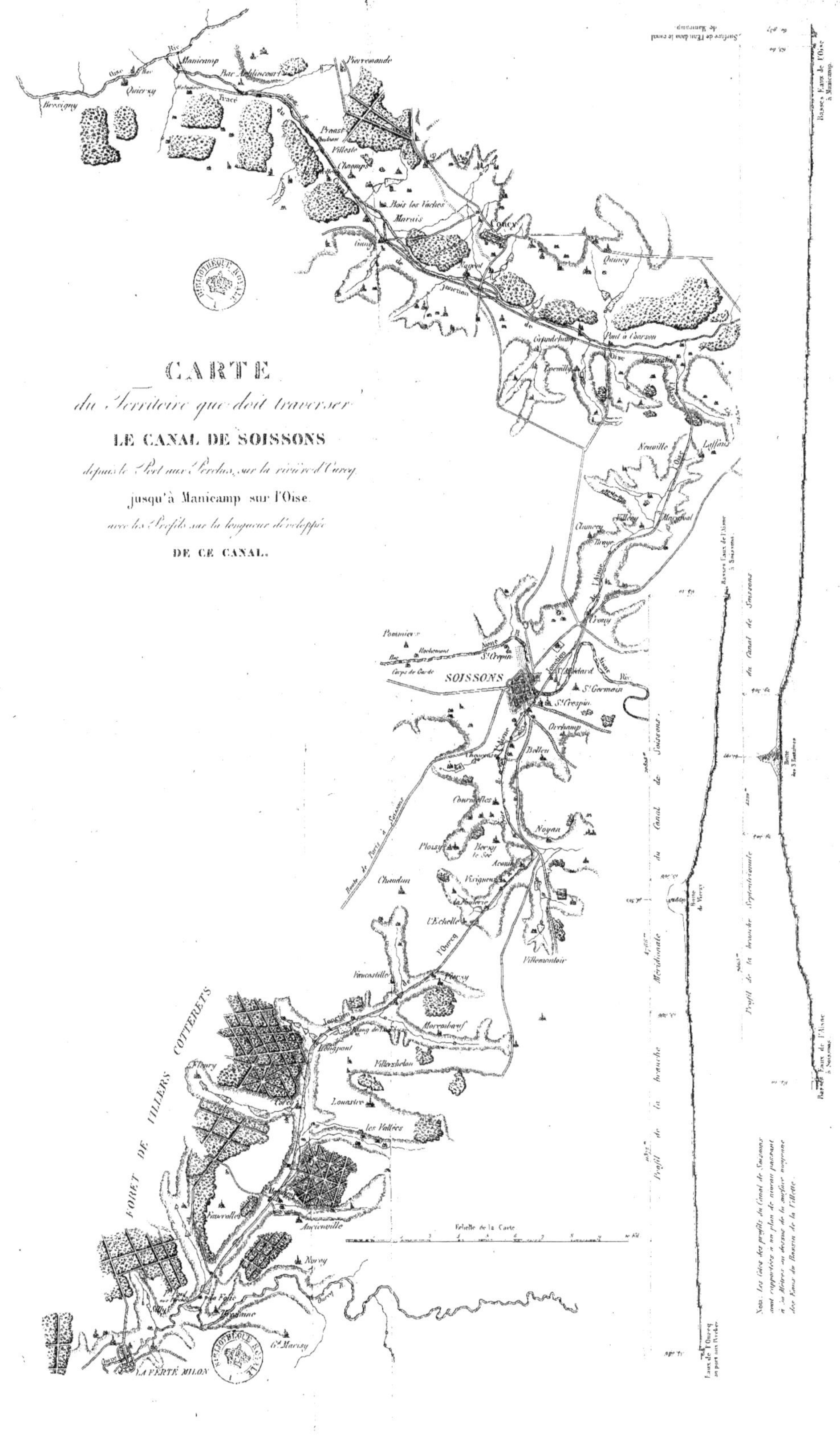
CARTE
du Territoire que doit traverser
LE CANAL DE SOISSONS
depuis le Port aux Perches, sur la rivière d'Ourcq,
jusqu'à Manicamp sur l'Oise,
avec les Profils sur la longueur développée
DE CE CANAL.
Manicamp
Quierzy
Bressigny
Oise
Pierremande
Coucy
Quincy
Pont à Corson
Neuville
Laffaux
Pommiers
St. Crepin
SOISSONS
St. Médard
St. Germain
Orcamp
Belleu
Courmelles
Noyan
Ploisy
Chaudun
l'Echelle
l'Ourcq
Villemontoir
Longpont
Villershelon
Louastres
les Vallées
Ancienville
Noroy
Gd. Marisy
LA FERTÉ MILON
FORET DE VILLERS COTTERETS
Echelle de la Carte
Route de Paris à Soissons
Profil de la branche Méridionale du Canal de Soissons
Profil de la branche Septentrionale du Canal de Soissons
Basses Eaux de l'Oise à Manicamp
Basses Eaux de l'Aisne à Soissons
Eaux de l'Ourcq au port aux Perches
Nota. Les Côtes des profils du Canal de Soissons sont rapportées à un plan de niveau passant
des Eaux du Bassin de la Villette.

www.ingramcontent.com/pod-product-compliance
Ingram Content Group UK Ltd.
Pitfield, Milton Keynes, MK11 3LW, UK
UKHW020401250726
13967UKWH00005B/2413

9 782013 058711